sekolah - kool	2
perjalanan - reisimine	5
transportasi - transport	8
kota - linn	10
pemandangan - maastik	14
restauran - restoran	17
supermarket - supermarket	20
minuman - joogid	22
makanan - toit	23
pertanian - talu	27
rumah - maja	31
ruang tamu - elutuba	33
dapur - köök	35
kamar mandi - vannituba	38
kamar anak - lastetuba	42
pakaian - riietus	44
kantor - kontor	49
ekonomi - majandus	51
pekerjaan - ametid	53
alat - tööriistad	56
alat musik - pillid	57
kebun binatang - loomaaed	59
olahraga - sport	62
aktivitas - tegevused	63
keluarga - perekond	67
badan - keha	68
rumah sakit - haigla	72
darurat - hädaolukord	76
bumi - Maa	77
jam - kell	79
minggu - nädal	80
tahun - aasta	81
bentuk - kujundid	83
warna-warna - värvid	84
berlawanan - vastandid	85
angka-angka - numbrid	88
bahasa-bahasa - keeled	90
siapa / apa / begaimana - kes / mis / kuidas	91
dimana - kus	92

Impressum
Verlag: BABADADA GmbH, Nedderfeld 112 , 22529 Hamburg
Geschäftsführer / Verlagsleitung: Harald Hof
Druck: Books on Demand GmbH, In de Tarpen 42, 22848 Norderstedt

Imprint
Publisher: BABADADA GmbH, Nedderfeld 112 , 22529 Hamburg, Germany
Managing Director / Publishing direction: Harald Hof
Print: Books on Demand GmbH, In de Tarpen 42, 22848 Norderstedt, Germany

sekolah
kool

- membagi / jagama
- papan / tahvel
- ruang kelas / klassiruum
- guru / õpetaja
- halaman sekolah / koolihoov
- kertas / paber
- menulis / kirjutama
- pena / pastapliiats
- meja kerja / kirjutuslaud
- penggaris / joonlaud
- buku / raamat
- murit / õpilane

186/2

tas sekolah
koolikott

tempat pensil
pinal

pensil
harilik pliiats

pengasah pensil
pliiatsiteritaja

penghapus
kustukumm

kamus gambar
piltsõnastik

kertas gambar
joonistusplokk

gambar
joonistus

kuas
pintsel

kotak cat
värvikarp

gunting
käärid

lem
liim

buku latihan
töövihik

pekerjaan rumah
kodutöö

angka
number

tambhakan
liitma

mengurangi
lahutama

mengalikan
korrutama

menghitung
arvutama

huruf
täht

alfabet
tähestik

sekolah - kool

3

kata
sõna

teks
tekst

membaca
lugema

kapur
kriit

pelajaran
koolitund

daftar
klassipäevik

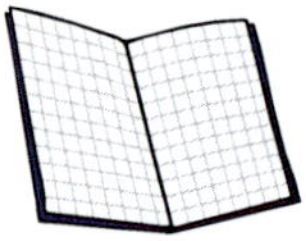

ujian
eksam

sertifikat
tunnistus

seragam sekolah
koolivorm

pendidikan
haridus

ensiklopedi
entsüklopeedia

universitas
ülikool

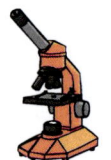
mikroskop
mikroskoop

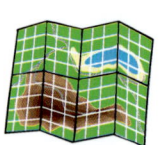
peta
kaart

tempat sampah
paberikorv

sekolah - kool

perjalanan
reisimine

hotel / hotell

hostel / hostel

kantor pertukaran mata uang / valuutavahetuspunkt

koper / kohver

mobil / auto

bahasa
keel

ya / tidak
jah / ei

okay
okei

hallo
Tere!

penerjemah
tõlk

terima kasih
Aitäh!

perjalanan - reisimine 5

Berapa harganya…?	saya tidak mengerti	masalah
Kui palju maksab …?	Ma ei saa aru	probleem

Selamat malam!	Selamat siang!	Selamat tidur!
Tere õhtust!	Tere hommikust!	Head ööd!

sampai jumpa	arah	bagasi
Head aega!	suund	pagas

tas	ransel	tamu
kott	seljakott	külaline

ruang	kantong tidur	tenda
tuba	magamiskott	telk

perjalanan - reisimine

informasi wisata
turismiinfo

pantai
rand

kartu kredit
krediitkaart

sarapan
hommikusöök

makan siang
lõunasöök

makan malam
õhtusöök

tiket
pilet

elevator
lift

perangko
postmark

perbatasan
riigipiir

cukai
toll

kedutaan
saatkond

visa
viisa

paspor
pass

perjalanan - reisimine

transportasi
transport

feri	perahu	sepeda motor
praam	paat	mootorratas

mobil polisi	mobil balapan	mobil sewa
politseiauto	võidusõiduauto	rendiauto

transportasi - transport

berbagi mobil
ühisauto

truk derek
puksiirauto

truk sampah
prügiauto

motor
mootor

bahan bakar
kütus

bensin
tankla

tanda lalulintas
liiklusmärk

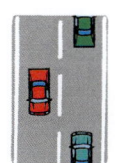
lalulintas
liiklus

macet
liiklusummik

parkir mobil
parkla

stasiun kereta
raudteejaam

trek
rööpad

kereta api
rong

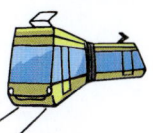
tram
tramm

gerobak
vagun

transportasi - transport

helikopter
helikopter

bendara
lennujaam

menara
torn

penumpang
reisija

container
konteiner

karton
pappkast

troli
käru

keranjang
korv

berangkat / mendarat
õhku tõusma / maanduma

kota
linn

desa
küla

pusat kota
kesklinn

rumah
maja

10   kota - linn

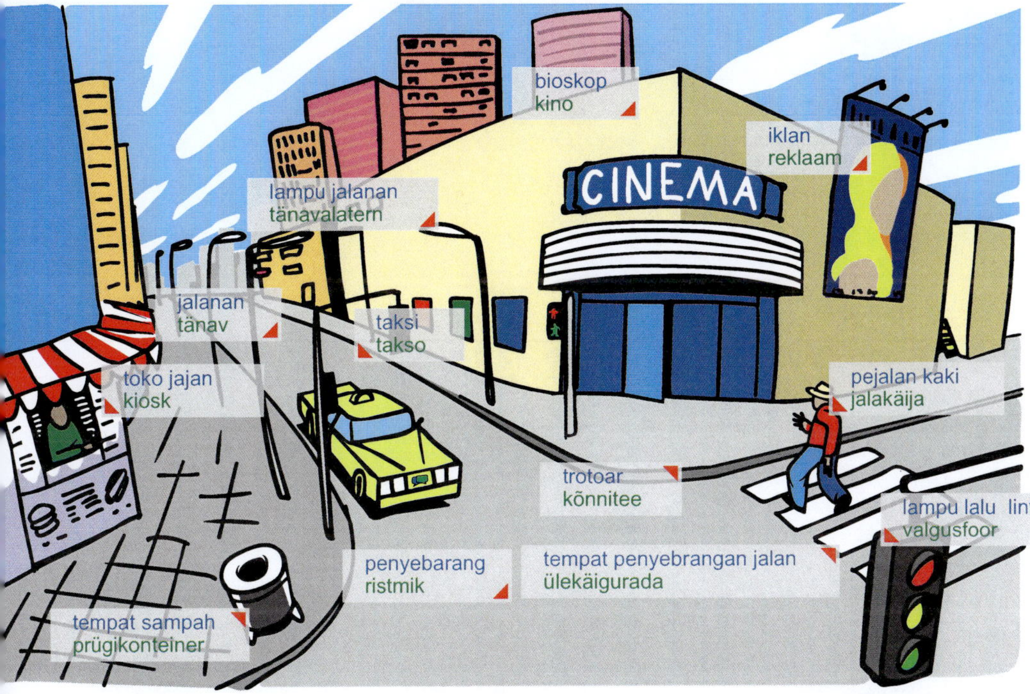

	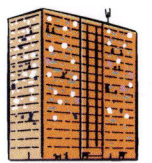	
gubuk	rumah flat	stasiun kereta
osmik	kortermaja	raudteejaam

balai kota	museum	sekolah
raekoda	muuseum	kool

kota - linn

		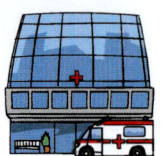
universitas	bank	rumah sakit
ülikool	pank	haigla

hotel	farmasi	kantor
hotell	apteek	kontor

toko buku	toko	toko bunga
raamatupood	kauplus	lillepood

supermarket	pasar	toko serba ada
supermarket	turg	kaubamaja

nelayan	pusat belanja	pelabuhan
kalapood	kaubanduskeskus	sadam

kota - linn

taman
park

banku
pink

jembatan
sild

tangga
trepp

kereta bawah tanah
metroo

terowongan
tunnel

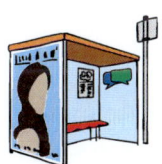
pemberhantian bis
bussipeatus

bar
baar

restauran
restoran

kotak surat
postkast

tanda jalan
tänavasilt

meteran parkir
parkimisautomaat

kebun binatang
loomaaed

kolam renang
ujula

mesjid
mošee

pertanian
talu

polusi
reostus

kuburan
surnuaed

gereja
kirik

tempat bermain
mänguväljak

pura
tempel

pemandangan
maastik

- penunjuk arah / teeviit
- daun / leht
- jalanan / tee
- padang rumput / aas
- batu / kivi
- pohon / puu
- pejalak kaki / matkaja
- sungai / jõgi
- rumput / rohi
- bunga / lill

pemandangan - maastik

lembah	bukit	danau
org	mägi	järv

hutan	padang gurun	gunung berapi
mets	kõrb	vulkaan

istana	pelangi	jamur
linnus	vikerkaar	seen

pohon palem	nyamuk	lalat
palm	sääsk	kärbes

semut	lebah	laba-laba
sipelgas	mesilane	ämblik

pemandangan - maastik

kumbang	kodok	tupai
mardikas	konn	orav

landak	kelinci	burung hantu
siil	jänes	öökull

burung	angsa	babi jantan
lind	luik	metssiga

rusa	rusa	bendungan
hirv	põder	pais
	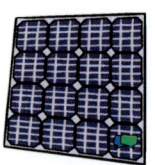	
turbin angin	panel surya	iklim
tuuleturbiin	päikesepaneel	kliima

pemandangan - maastik

restauran
restoran

- pelayan / kelner
- daftar makanan / menüü
- kursi / tool
- pizza / pitsa
- sup / supp
- taplak / laudlina
- peralatan makan / söögiriistad

hindangan pembuka
eelroog

hidangan utama
pearoog

hidangan penutup
magustoit

minuman
joogid

makanan
toit

botol
pudel

restauran - restoran 17

fastfood
kiirtoit

masakan jalanan
tänavatoit

teko teh
teekann

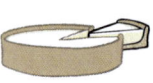

kaleng gula
suhkrutoos

porsi
portsjon

mesin espresso
espressomasin

kursi tinggi
lastetool

tagihan
arve

baki
kandik

pisau
nuga

garpu
kahvel

sendok
lusikas

sendok teh
teelusikas

serbet
salvrätik

gelas
klaas

restauran - restoran

piring	piring sup	lepek
taldrik	supitaldrik	alustass

 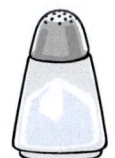 

saus	tempat garam	gilingan merica
kaste	soolatoos	pipraveski

  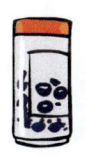 

cuka	minyak	bumbu
äädikas	õli	vürtsid

saus tomat	mustar	mayones
ketšup	sinep	majonees

restauran - restoran

supermarket
supermarket

penawaran khusus / eripakkumine

klien / klient

produk susu / piimatooted

troli / ostukäru

buah / puuviljad

pembantai
lihapood

toko roti
pagariäri

menimbang
kaaluma

sayur
köögiviljad

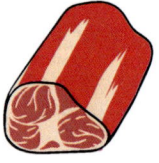
daging
liha

makanan beku
külmutatud toit

20   supermarket - supermarket

pemotongan dingin
lihalõigud

makanan kaleng
konservid

sabun serbuk
pesupulber

permen
maiustused

alat-alat rumah tangga
majatarbed

obat pembersihan
puhastustooted

penjual
müüja

kasa
kassaaparaat

kasir
kassapidaja

daftar belanja
ostunimekiri

jam buka
lahtiolekuajad

dompet
rahakott

kartu kredit
krediitkaart

tas
kott

kantong plastik
kilekott

supermarket - supermarket

minuman
joogid

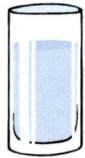

air
vesi

jus
mahl

susu
piim

cola
koola

anggur
vein

bir
õlu

alkohol
alkohol

coklat
kakao

teh
tee

kopi
kohv

espresso
espresso

cappucino
cappuccino

makanan
toit

pisang
banaan

apel
õun

jeruk
apelsin

semangka
arbuus

jeruk lemon
sidrun

wortel
porgand

bawang putih
küüslauk

bambu
bambus

bawang bombai
sibul

jamur
seen

kacang
pähklid

mi
nuudlid

makanan - toit 23

spagetti	nasi	salat
spagetid	riis	salat

kentang goreng	kentang goreng	pizza
friikartulid	praekartulid	pitsa

hamburger	sandwich	sayatan
hamburger	võileib	šnitsel
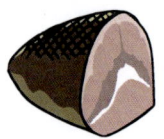		
ham	salami	sosis
sink	salaami	vorst
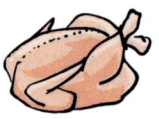		
ayam	menggoreng	ikan
kana	praeliha	kala

makanan - toit

bubur gandum
kaerahelbed

sereal
müsli

cornflakes
maisihelbed

tepung
jahu

croissant
sarvesai

roti
kukkel

roti
leib

toast
röstsai

biskuit
küpsised

mentega
või

dadih
kohupiim

kue
kook

telur
muna

telur goreng
praemuna

keju
juust

makanan - toit

25

eskrim
jäätis

gula
suhkur

madu
mesi

selai
moos

krim nugat
pähklivõie

kare
karri

makanan - toit

pertanian
talu

rumah peternakan / talumaja
lumbung / laut
bale jemari / heinapall
lapangan / põld
kuda / hobune
kereta gandeng / järelkäru
anak kuda / varss
traktor / traktor
keledai / eesel
domba / ambatall
domba / lammas

kambing
kits

sapi
lehm

betis
vasikas

babi
siga

celeng
põrsas

banteng
pull

angsa hani	bebek part	anak ayam tibu

ayam kana	ayam jantan kukk	tikus rott

kucing kass	tikus hiir	lembu härg

anjing koer	rumah anjing koerakuut	selang aiavoolik
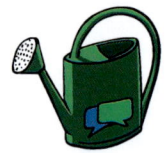		
penyiram kastekann	sabit vikat	bajak ader

pertanian - talu

 sabit / sirp	 cangkul / kõblas	 garpu rumput / hang
 kapak / kirves	 gerobak / käru	 palung / küna
 kaleng susu / piimanõu	 karung / kott	 pagar / tara
 kandang / tall	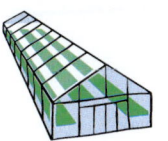 rumah kaca / kasvuhoone	 tanah / muld
 benih / seeme	 pupuk / väetis	 mesin pemanen / kombain

pertanian - talu

panen
saaki koristama

panen
saagikoristus

yams
jamss

gandum
nisu

kedelai
soja

kentang
kartul

jagung
mais

lobak
raps

pohon buah
viljapuu

singkong
maniokk

sereal
teravili

pertanian - talu

rumah
maja

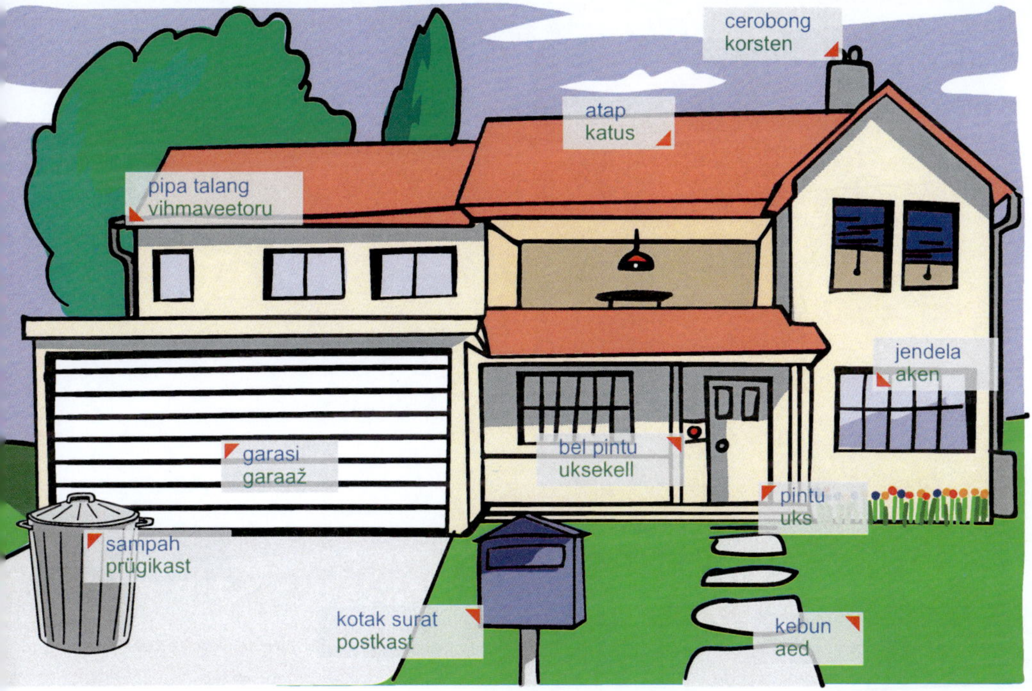

cerobong / korsten
atap / katus
pipa talang / vihmaveetoru
jendela / aken
garasi / garaaž
bel pintu / uksekell
pintu / uks
sampah / prügikast
kotak surat / postkast
kebun / aed

ruang tamu

elutuba

kamar mandi

vannituba

dapur

köök

kamar tidur

magamistuba

kamar anak

lastetuba

kamar makan

söögituba

lantai	tembok	atap
põrand	sein	lagi
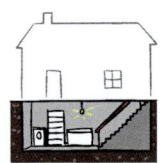		
gudang di bawah tanah	sauna	balkon
kelder	saun	rõdu

teras	kolam renang	mesin pemotong rumput
terrass	bassein	muruniiduk

sproi	selimut	tempat tidur
voodilina	päevatekk	voodi

sapu	ember	tombol
luud	ämber	lüliti

rumah - maja

ruang tamu
elutuba

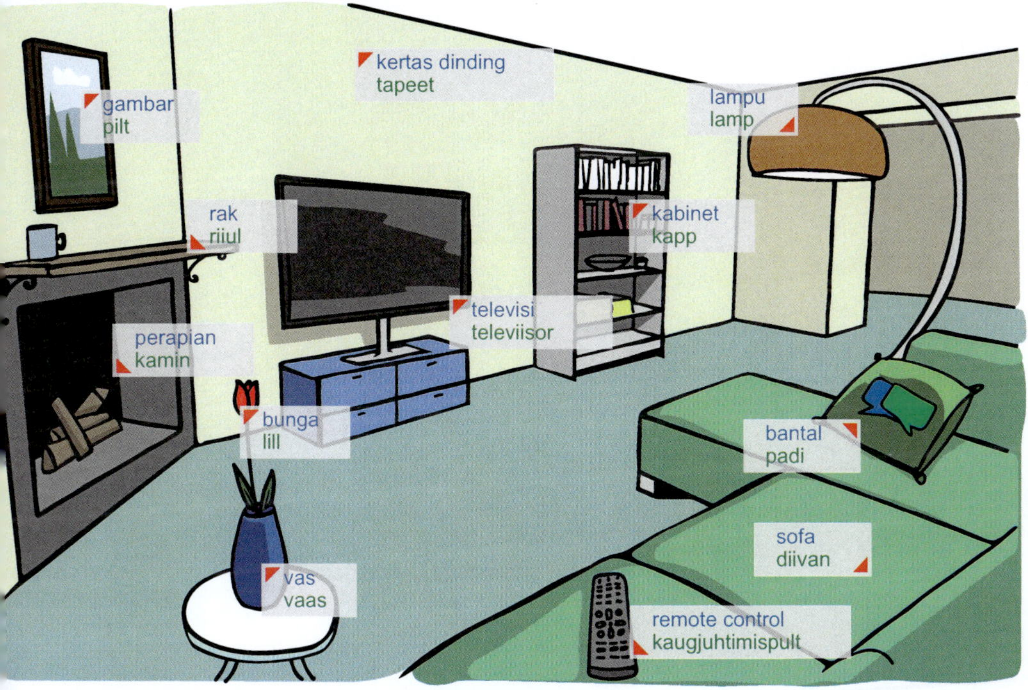

- gambar / pilt
- kertas dinding / tapeet
- lampu / lamp
- rak / riiul
- kabinet / kapp
- perapian / kamin
- televisi / televiisor
- bunga / lill
- bantal / padi
- sofa / diivan
- vas / vaas
- remote control / kaugjuhtimispult

karpet
vaip

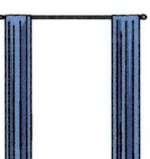

korden
kardin

meja
laud

kursi
tool

kursi goyang
kiiktool

kursi malas
tugitool

ruang tamu - elutuba

 buku / raamat	 selimut / tekk	 dekorasi / kaunistus
 kayu bakar / küttepuud	 filem / film	 hi-fi / helisüsteem
 kunci / võti	 koran / ajaleht	 lukisan / maal
 poster / plakat	 radio / raadio	 buku tulis / märkmik
 penyedot debu / tolmuimeja	 kaktus / kaktus	 lilin / küünal

ruang tamu - elutuba

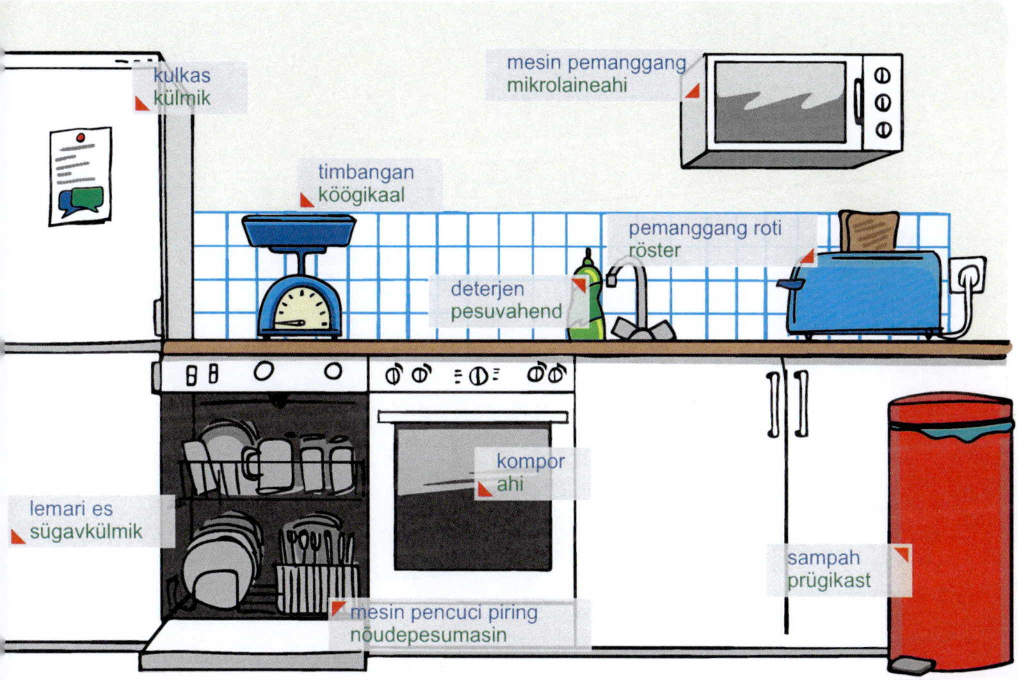

dapur
köök

- kulkas / külmik
- mesin pemanggang / mikrolaineahi
- timbangan / köögikaal
- pemanggang roti / röster
- deterjen / pesuvahend
- kompor / ahi
- lemari es / sügavkülmik
- sampah / prügikast
- mesin pencuci piring / nõudepesumasin

kompor
pliit

panci
pott

panci besi
malmpott

wajan
vokkpann

panci
pann

pemanas air
veekeetja

panci pengukus makanan aurutaja	nampan küpsetusplaat	piring lauanõud

cangkir kruus	mangkok kauss	sumpit söögipulgad

sendok sup kulp	sudip pannilabidas	mengocok vispel

saringan kurn	saringan sõel	parutan riiv

mortir uhmer	barbeque grill	api terbuka lahtine tuli

dapur - köök

papan memotong	gilingan	alat pembuka botol
lõikelaud	tainarull	korgitser
kaleng	pembuka kaleng	pegangan panci
konservipurk	konserviavaja	pajakinnas
wastafel	sikat	busa
kraanikauss	hari	pesukäsn
mesin pencampur	lemari es	botol bayi
kannmikser	sügavkülmuti	lutipudel
keran		
segisti		

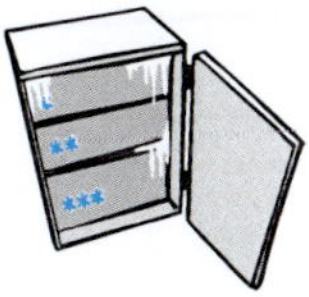

dapur - köök

kamar mandi
vannituba

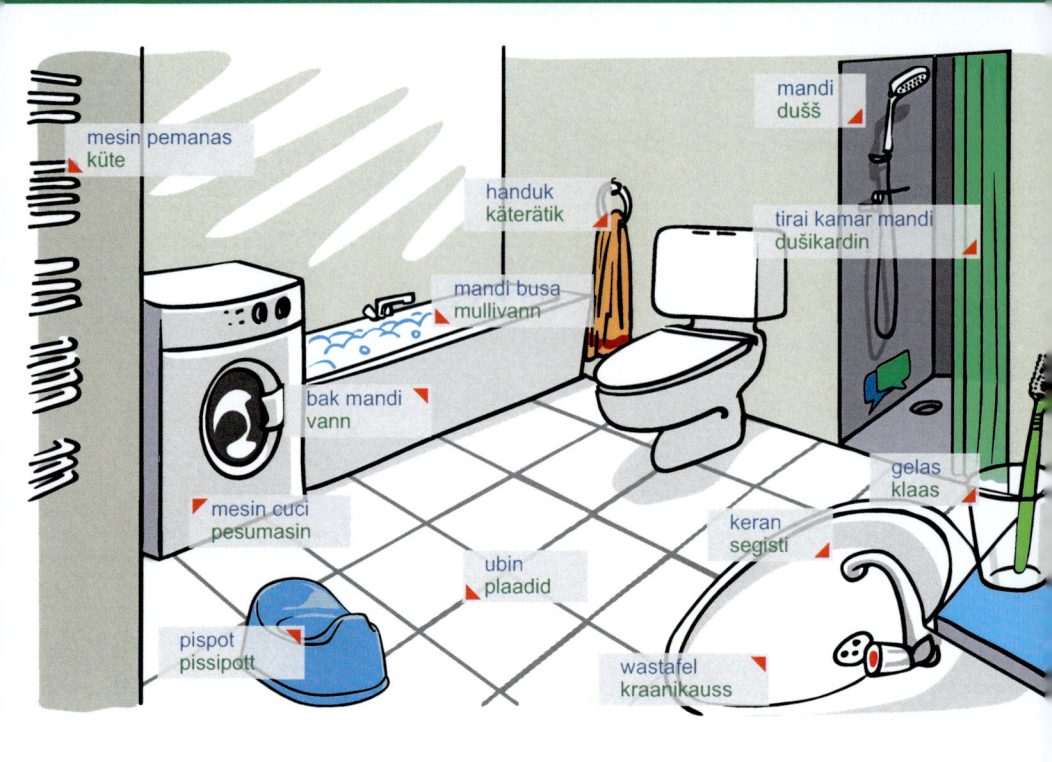

- mandi dušš
- mesin pemanas / küte
- handuk / käterätik
- tirai kamar mandi / dušikardin
- mandi busa / mullivann
- bak mandi / vann
- mesin cuci / pesumasin
- gelas / klaas
- keran / segisti
- ubin / plaadid
- pispot / pissipott
- wastafel / kraanikauss

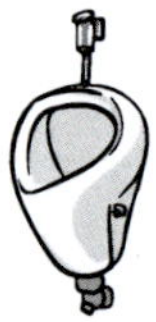

toilet	toilet jongkok	bidet
WC-pott	kükitamistualett	bidee
pissoir	kertas toilet	sikat toilet
pissuaar	tualettpaber	WC-hari

38 kamar mandi - vannituba

sikat gigi	pasta gigi	benang gigi
hambahari	hambapasta	hambaniit
menyuci	pancuran tangan	pancuran
pesema	käsidušš	intiimdušš
bak	sikat punggung	sabun
pesukauss	seljahari	seep
gel mandi	sampo	planel
dušigeel	šampoon	vamm
kuras	krim	deodoran
äravool	kreem	deodorant

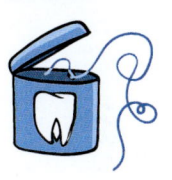

kamar mandi - vannituba

kaca	cermin tangan	pisau cukur
peegel	käsipeegel	habemenuga
busa cukur	aftershave	sisir
raseerimisvaht	habemevesi	kamm
sikat	alat pengering rambut	semprot rambut
hari	föön	juukselakk
makeup	lipstik	cat kuku
meigikomplekt	huulepulk	küünelakk
kapas	gunting kuku	minyak wangi
vatt	küünekäärid	parfüüm

kamar mandi - vannituba

kantong pencuci
tualett-tarvete kott

bangku
taburet

timbangan
kaal

mantel mandi
hommikumantel

sarung tangan karet
kummikindad

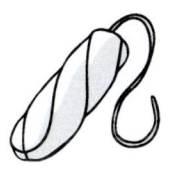

tampon
tampoon

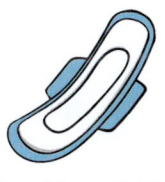

handuk pembalut
hügieeniside

toilet kimia
keemiline tualett

kamar mandi - vannituba

kamar anak
lastetuba

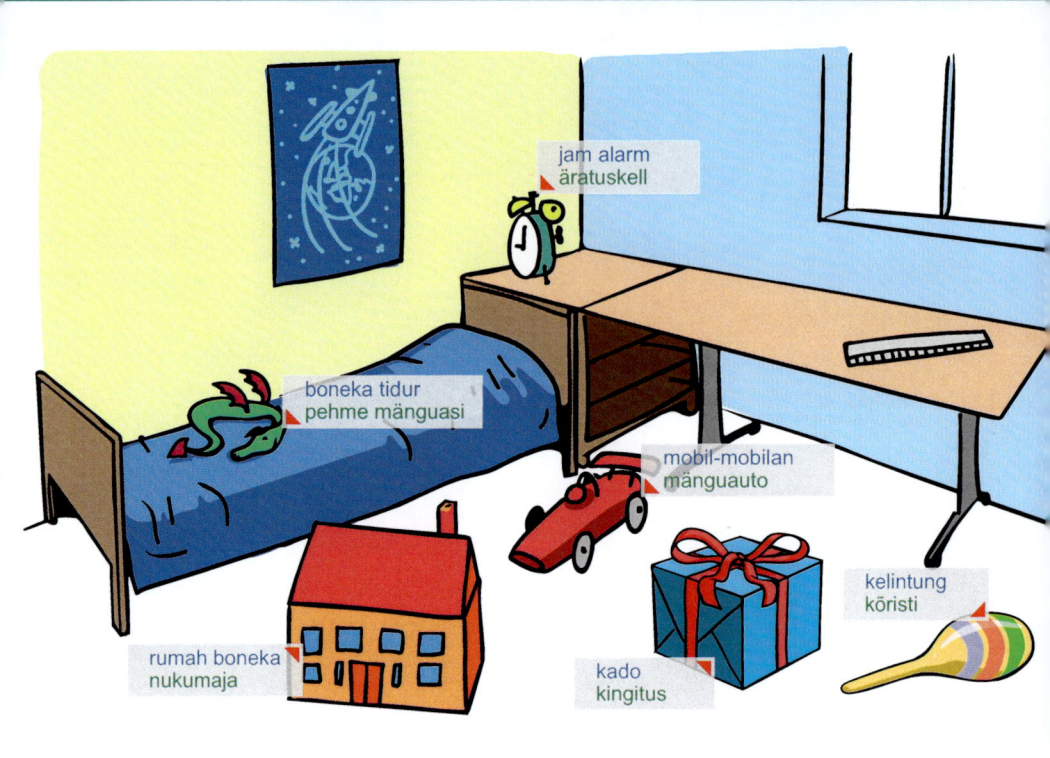

jam alarm
äratuskell

boneka tidur
pehme mänguasi

mobil-mobilan
mänguauto

rumah boneka
nukumaja

kado
kingitus

kelintung
kõristi

balon
õhupall

tempat tidur
voodi

kereta bayi
lapsevanker

mainan kartu
kaardipakk

teka-teki
pusle

komik
koomiks

kamar anak - lastetuba

mainan lego	blok mainan	figur aksi
Lego klotsid	klotsid	kujuke
baju monyet	frisbee	mobile
siputuspüksid	lendav taldrik	voodikarussell
permainan papan	dadu	set model kreta api
lauamäng	täringud	mudelrong
dot	pesta	buku gambar
lutt	pidu	pildiraamat
bola	boneka	bermain
pall	nukk	mängima

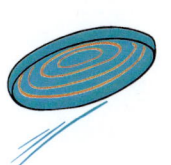

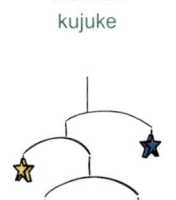

kamar anak - lastetuba

tempat main pasir	ayunan	mainan
liivakast	kiik	mänguasjad
video game konsol	sepeda roda tiga	teddy
mängukonsool	kolmerattaline jalgratas	mängukaru
lemari pakaian		
riidekapp		

pakaian
riietus

kaos kaki	kaos kaki	baju ketat
sokid	sukad	sukkpüksid

syal
sall

payung
vihmavari

kaos
T-särk

sabuk
vöö

sepatu bot
saapad

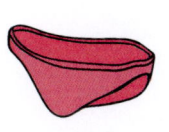

sandal
sussid

sepatu
tossud

sandal	sepatu	sepatu bot karet
sandaalid	jalatsid	kummikud

celana dalam	BH	baju rompi
aluspüksid	rinnahoidja	vest

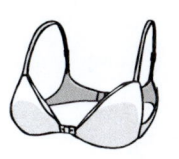

pakaian - riietus 45

body	celana	jeans
bodi	püksid	teksapüksid
rok	blus	kemeja
seelik	pluus	särk
aket berkerudung	sweater	jaket
sviiter	dressipluus	bleiser
jaket	mantel	jas hujan
jakk	mantel	vihmamantel
kostum	gaun	gaun pengantin
kostüüm	kleit	pulmakleit

pakaian - riietus

setelan resmi	gaun tidur	piyama
ülikond	öösärk	pidžaama
sari	jilbab	turban
sari	pearätt	turban
burka	kaftan	abaya
burka	kaftan	abayah
pakaian renang	celana renang	celana pendek
ujumistrikoo	ujumispüksid	lühikesed püksid
olah raga	celemek	sarung tangan
dressid	põll	kindad

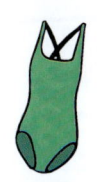

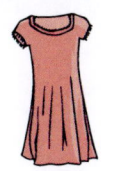

pakaian - riietus

kancing	kacamata	gelang
nööp	prillid	käevõru
kalung	cincin	anting
kaelakee	sõrmus	kõrvarõngas
topi	gantungan mantel	topi
nokamüts	riidepuu	kaabu
dasi	ritsleting	helm
lips	tõmblukk	kiiver
tali selempang	seragam sekolah	seragam
traksid	koolivorm	vormirõivad

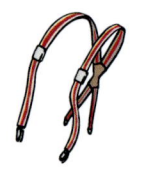

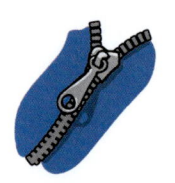

pakaian - riietus

oto	dot	popok
pudipõll	lutt	mähe

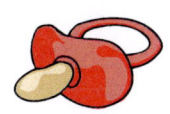

kantor
kontor

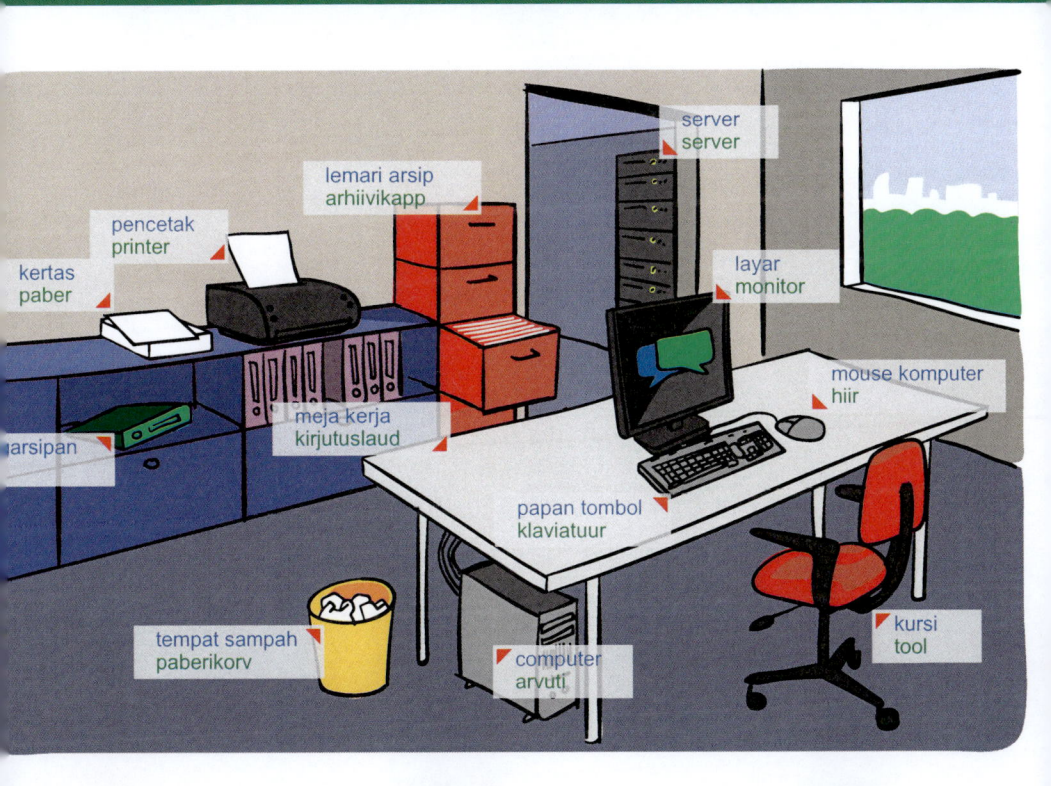

- server / server
- lemari arsip / arhiivikapp
- pencetak / printer
- kertas / paber
- layar / monitor
- mouse komputer / hiir
- meja kerja / kirjutuslaud
- arsip / arhiiv
- papan tombol / klaviatuur
- tempat sampah / paberikorv
- computer / arvuti
- kursi / tool

cangkir kopi	kalkulator	internet
kohvikruus	kalkulaator	internet

kantor - kontor 49

laptop	surat	pesan
sülearvuti	kiri	sõnum
telepon seluler	jaringan	fotokopi
mobiiltelefon	võrk	koopiamasin
software	telepon	plug soket
tarkvara	telefon	pistikupesa
mesin fax	formulir	dokumen
faksimasin	vorm	dokument

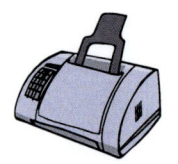

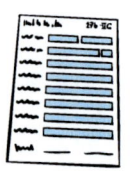

kantor - kontor

ekonomi
majandus

membeli	membayar	berdagang
ostma	maksma	vahetama

uang	Dollar	Euro
raha	dollar	euro

Yen	Rubel	Franc Swiss
jeen	rubla	Šveitsi frank

Renminbi Yuan	Rupiah	ATM
renminbi jüaan	ruupia	sularahaautomaat

ekonomi - majandus

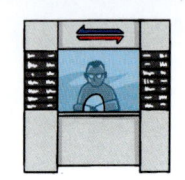

kantor pertukaran mata uang	emas	perak
valuutavahetuspunkt	kuld	hõbe
minyak	energi	harga
nafta	energia	hind
kontrak	pajak	saham
leping	maks	aktsia
bekerja	karyawan	majikan
töötama	töötaja	tööandja
pabrik	toko	
tehas	kauplus	

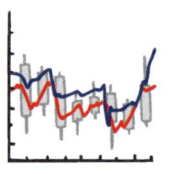

ekonomi - majandus

pekerjaan
ametid

petugas polisi
politseinik

pemadam kebakaran
tuletõrjuja

pemasak
kokk

pilot
piloot

dokter
arst

tukan kebun
aednik

tukang kayu
puusepp

penjahit wanita
õmbleja

hakim
kohtunik

ahli kimia
keemik

aktor
näitleja

pekerjaan - ametid 53

sopir bis	sopir taksi	nelayan
bussijuht	taksojuht	kalamees
pembantu	tukang atap	pelayan
koristaja	katusepaigaldaja	kelner
pemburu	pelukis	tukang roti
jahimees	maaler	pagar
tukang listrik	pembangun	incinyur
elektrik	ehitaja	insener
tukang daging	tukang ledeng	tukang pos
lihunik	torumees	postiljon

pekerjaan - ametid

tentara / sõdur	arsitek / arhitekt	kasir / kassapidaja
penjual bunga / lillemüüja	penata rambut / juuksur	konduktor / piletikontrolör
montir / mehaanik	kapten / kapten	dokter gigi / hambaarst
ilmuwan / teadlane	rabbi / rabi	imam / imaam
biarawan / munk	pendeta / preester	

pekerjaan - ametid

alat
tööriistad

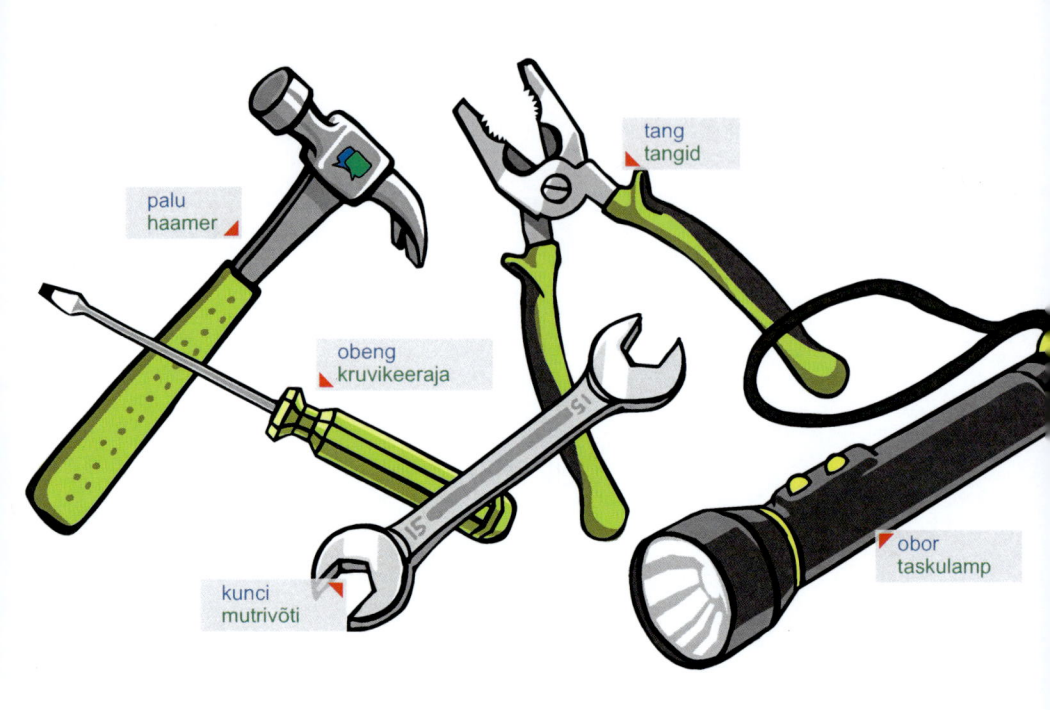

palu / haamer

tang / tangid

obeng / kruvikeeraja

kunci mutrivõti

obor / taskulamp

penggali
ekskavaator

tas perkakas
tööriistakast

tangga
redel

gergaji
saag

paku
naelad

bor
trell

alat - tööriistad

perbaikan
parandama

sekop
labidas

Sialan!
Pörgusse!

cikrak
kühvel

pot cat
värvipott

sekrup
kruvid

alat musik
pillid

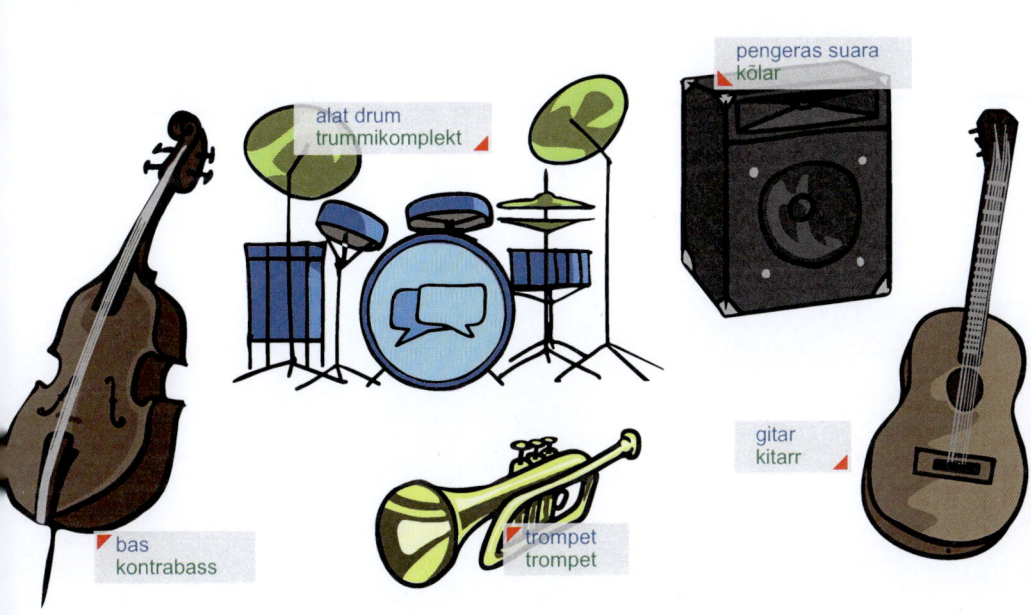

alat drum
trummikomplekt

pengeras suara
kõlar

bas
kontrabass

trompet
trompet

gitar
kitarr

alat musik - pillid 57

piano	violin	bass
klaver	viiul	bass
tambur	drum	keyboard
timpan	trummid	süntesaator
saksofon	suling	mikrofon
saksofon	flööt	mikrofon

alat musik - pillid

kebun binatang
loomaaed

- macan / tiiger
- pintu masuk / sissepääs
- kandang / puur
- sebra / sebra
- pakan ternak / loomasööt
- panda / panda

hewan	gajah	kanguru
loomad	elevant	känguru

badak	gorila	beruang
ninasarvik	gorilla	karu

kebun binatang - loomaaed

unta	burung unta	singa
kaamel	jaanalind	lõvi
monyet	flamingo	burung beo
ahv	flamingo	papagoi
beruang polar	penguin	hiu
jääkaru	pingviin	hai
merak	ular	buaya
paabulind	madu	krokodill
penjaga kebun binatang	segel	jaguar
loomaaiatalitaja	hüljes	jaaguar

kebun binatang - loomaaed

kuda poni	macan tutul	kuda nil
poni	leopard	jõehobu
jerapah	burung elang	babi jantan
kaelkirjak	kotkas	metssiga
ikan	kura-kura	anjing laut
kala	kilpkonn	morsk
rubah	kijang	
rebane	gasell	

kebun binatang - loomaaed 61

olahraga
sport

american football
Ameerika jalgpall

naik sepeda
jalgrattasõit

tennis
tennis

basketbal
korvpall

bernang
ujumine

tinju
poksimine

hoki es
jäähoki

sepak bola
jalgpall

badminton
sulgpall

atletik
kergejõustik

bola tangan
käsipall

main ski
suusatamine

polo
polo

aktivitas
tegevused

- ketawa / naerma
- meloncat / hüppama
- memeluk / kallistama
- berjalan / jalutama
- menyanyi / laulma
- mengimpi / unistama
- berdoa / palvetama
- mencium / suudlema

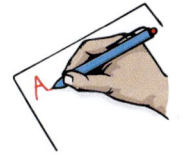

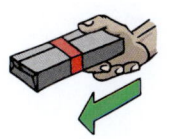

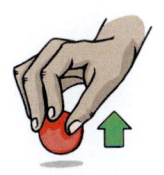

menulis	melukis	menunjuk
kirjutama	joonistama	näitama

mendorong	memberikan	mengambil
lükkama	andma	võtma

aktivitas - tegevused

mempunyai	melakukan	adalah
omama	tegema	olema
berdiri	berlari	menarik
seisma	jooksma	tõmbama
melempar	jatuh	tidur
viskama	kukkuma	lamama
menunggu	membawa	duduk
ootama	kandma	istuma
berpakaian	tidur	bangun
riidesse panema	magama	ärkama

aktivitas - tegevused

melihat	menangis	mengelus
vaatama	nutma	paitama
menyisir	berbicara	mengerti
kammima	rääkima	aru saama
menanyak	mendengar	minum
küsima	kuulama	jooma
makan	merapikan	cinta
sööma	korrastama	armastama
memasak	menyetir	terbang
süüa tegema	sõitma	lendama

aktivitas - tegevused

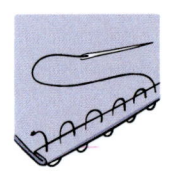

berlayar	menghitung	membaca
purjetama	arvutama	lugema
belajar	bekerja	menikah
õppima	töötama	abielluma
menjahit	sikat gigi	membunuh
õmblema	hambaid pesema	tapma
merokok	kirim	
suitsetama	saatma	

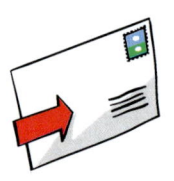

aktivitas - tegevused

keluarga
perekond

- nenek / vanaema
- kakek / vanaisa
- bapak / isa
- ibu / ema
- bayi / imik
- putri / tütar
- putra / poeg

tamu	bibi	paman
külaline	tädi	onu

kakak laki	kakak perempuan
vend	õde

keluarga - perekond

badan
keha

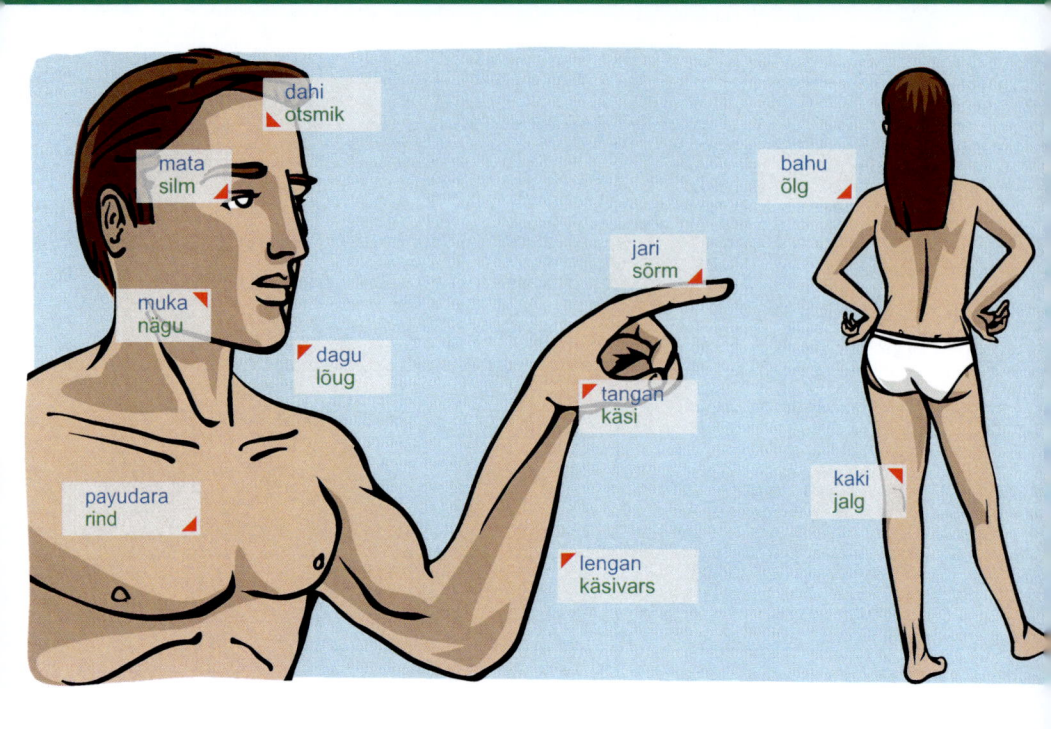

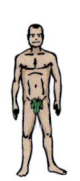

- dahi / otsmik
- mata / silm
- muka / nägu
- payudara / rind
- dagu / lõug
- jari / sõrm
- tangan / käsi
- lengan / käsivars
- bahu / õlg
- kaki / jalg

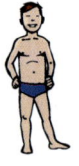

bayi	pria	wanita
imik	mees	naine

perempuan	laki	kepala
tüdruk	poiss	pea

68   badan - keha

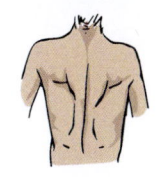

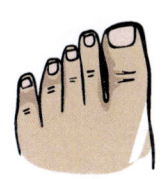

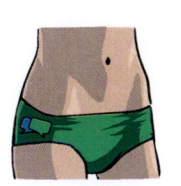

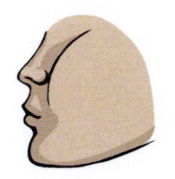

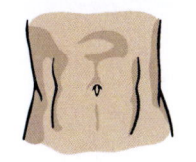

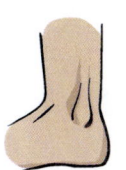

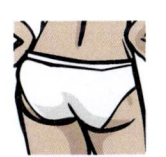

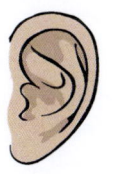

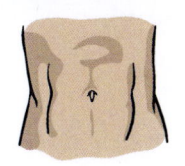

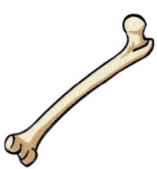

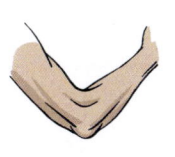

punggung	perut	pusar
selg	kõht	naba
toe	tumit	tulang
varvas	kand	luu
pinggang	lutut	siku
puus	põlv	küünarnukk
hidung	pantat	kulit
nina	tagumik	nahk
pipi	telinga	bibir
põsk	kõrv	huuled

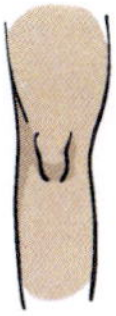

badan - keha

mulut / suu	gigi / hammas	lidah / keel
otak / aju	jantung / süda	otot / lihas
paru-paru / kops	hati / maks	stomach / magu
ginjal / neerud	hubungan seks / seksuaalvahekord	kondom / kondoom
sel telur / munarakk	sperma / sperma	kehamilan / rasedus

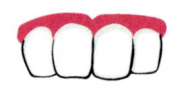

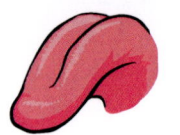

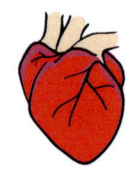

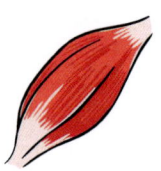

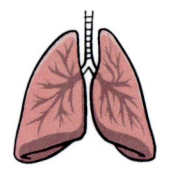

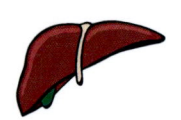

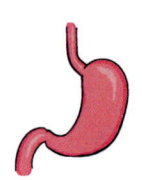

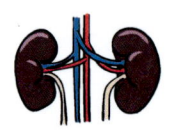

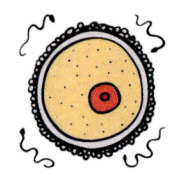

badan - keha

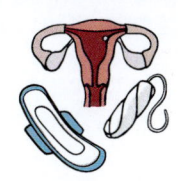

menstruasi
menstruatsioon

vagina
vagiina

penis
peenis

alis
kulm

rambut
juuksed

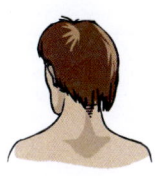

leher
kael

badan - keha

rumah sakit
haigla

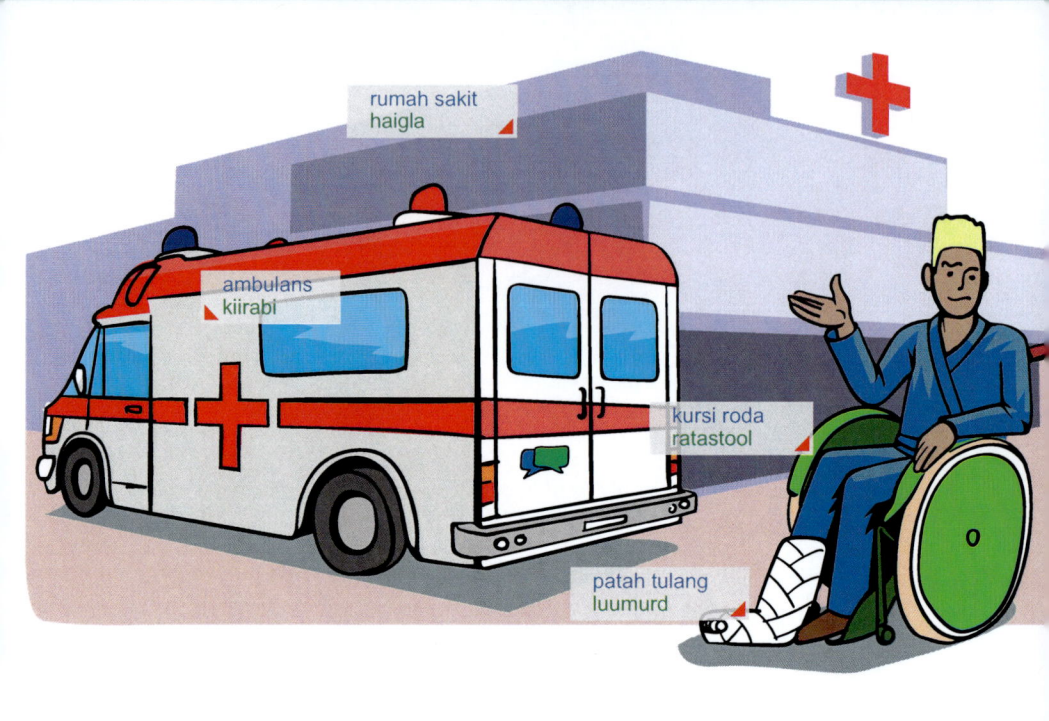

- rumah sakit / haigla
- ambulans / kiirabi
- kursi roda / ratastool
- patah tulang / luumurd

dokter	ruang darurat	perawat
arst	traumapunkt	meditsiiniõde

darurat	semaput	sakit
hädaolukord	teadvuseta	valu

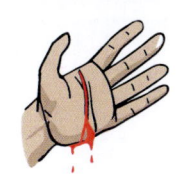

cedera / vigastus	perdarahan / verejooks	serangan jantung / südamerabandus
stroke / insult	alergi / allergia	batuk / köha
demam / palavik	flu / gripp	diare / kõhulahtisus
sakit kepala / peavalu	kanker / vähk	diabetes / diabeet
ahli bedah / kirurg	pisau bedah / skalpell	operasi / operatsioon

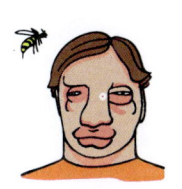

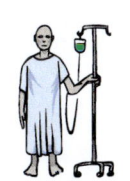

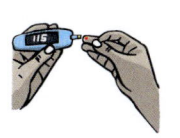

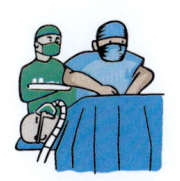

rumah sakit - haigla

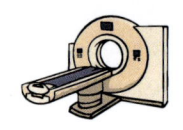

CT / KT	sinar x / röntgen	usg / ultraheli
topeng / mask	penyakit / haigus	ruang tunggu / ooteruum
penyokong / kark	plester / kips	perban / side
injeksi / süst	stetoskop / stetoskoop	usungan / kanderaam
termometer klinis / kraadiklaas	kelahiran / sünd	kelebihan berat badan / ülekaaluline

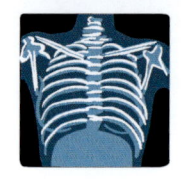

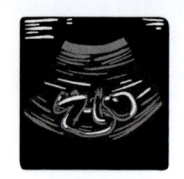

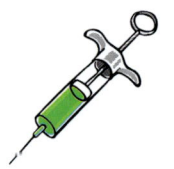

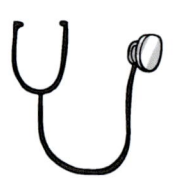

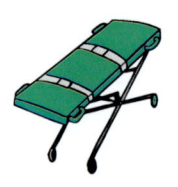

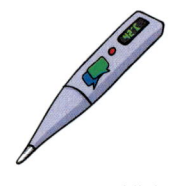

rumah sakit - haigla

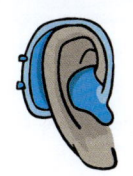

alat pendengar	desinfektan	infeksi
kuuldeaparaat	desinfektsioonivahend	põletik
virus	HIV / AIDS	obat
viirus	HIV / AIDS	meditsiin
vaksinasi	tablet	pil
vaktsineerimine	tabletid	pill
panggilan darurat	ukur tekanan darah	sakit / sehat
hädaabikõne	vererõhuaparaat	haige / terve

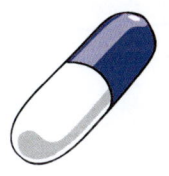

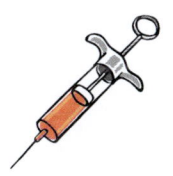

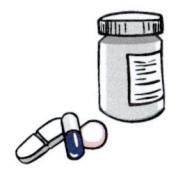

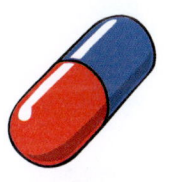

rumah sakit - haigla

darurat
hädaolukord

Tolong!	alarm	penyerbuan
Appi!	häire	kallaletung
serangan	bahaya	pintu darurat
rünnak	oht	avariiväljapääs
Api!	alat pemadam kebakaran	kecelakaan
Tulekahju!	tulekustuti	õnnetus
kit pertolongan pertama	SOS	polisi
esmaabikomplekt	SOS	politsei

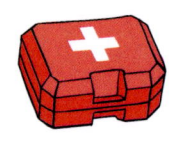

bumi
Maa

Eropa	Amerika Utara	Amerika Selatan
Euroopa	Põhja-Ameerika	Lõuna-Ameerika
Afrika	Asia	Australi
Aafrika	Aasia	Austraalia
Atlantik	Pasifik	Samudra India
Atlandi ookean	Vaikne ookean	India ookean
Samudra Antartika	Samudra Arktik	kutub utara
Lõuna-Jäämeri	Põhja-Jäämeri	põhjapoolus

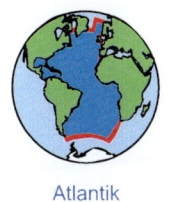

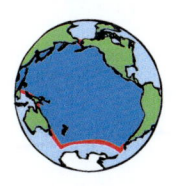

bumi - Maa

kutub selatan	Antarktika	bumi
lõunapoolus	Antarktika	Maa
tanah	laut	pulau
maismaa	meri	saar
bangsa	negara	
rahvus	riik	

jam
kell

jam wajah
sihverplaat

jarum pendek
tunniosuti

jarum menit
minutiosuti

jarum detik
sekundiosuti

Jam berapa?
Mis kell on?

hari
päev

waktu
aeg

sekarang
praegu

jam digital
digitaalne kell

menit
minut

jam
tund

jam - kell

minggu
nädal

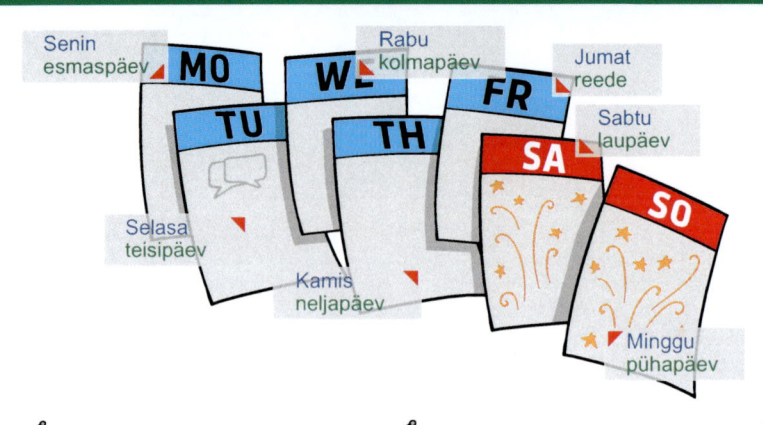

Senin / esmaspäev — MO
Selasa / teisipäev — TU
Rabu / kolmapäev — WE
Kamis / neljapäev — TH
Jumat / reede — FR
Sabtu / laupäev — SA
Minggu / pühapäev — SO

kemaren
eile

hari ini
täna

besok
homme

pagi
hommik

siang
lõuna

malam
õhtu

hari kerja
tööpäevad

akhir minggu
nädalavahetus

tahun
aasta

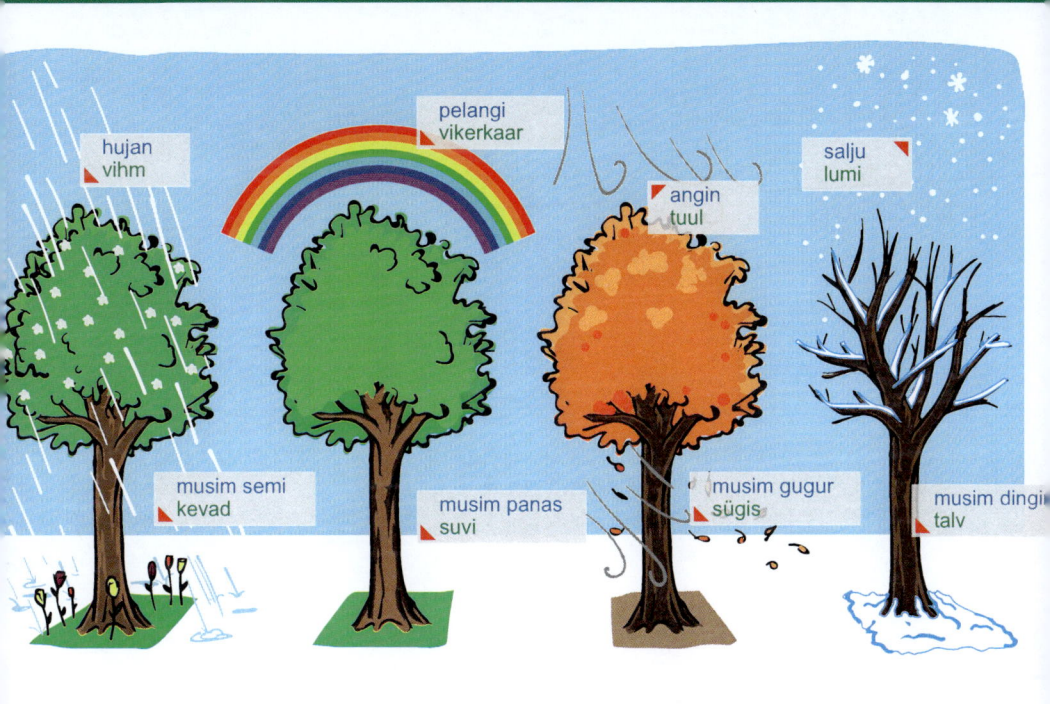

- hujan / vihm
- pelangi / vikerkaar
- angin / tuul
- salju / lumi
- musim semi / kevad
- musim panas / suvi
- musim gugur / sügis
- musim dingin / talv

ramalan cuaca	termometer	matahari
ilmaennustus	termomeeter	päikesepaiste

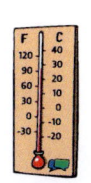

awan	kabut	kelembahan
pilv	udu	niiskus

tahun - aasta

kilat pikne	guntur kõu	badai torm
hujan es rahe	monsun mussoon	banjir üleujutus
es jää	Januari jaanuar	Februari veebruar
Maret märts	April aprill	Mei mai
Juni juuni	Juli juuli	Agustus august

tahun - aasta

September
september

Oktober
oktoober

November
november

Desember
detsember

bentuk
kujundid

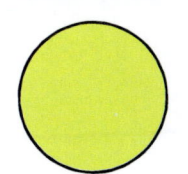

lingkaran
ring

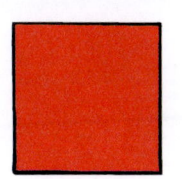

persegi
ruut

persegi panjang
nelinurk

segi tiga
kolmnurk

bola
kera

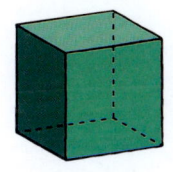

kubus
kuup

warna-warna
värvid

putih	kuning	oranye
valge	kollane	oranž

pink	merah	ungu
roosa	punane	lilla

biru	hijau	coklat
sinine	roheline	pruun

abu-abu	hitam	
hall	must	

berlawanan
vastandid

banyak / sedikit
palju / vähe

marah / tenang
vihane / rahulik

cantik / jelek
ilus / inetu

mulaih / selesai
algus / lõpp

besar / kecil
suur / väike

terang / gelap
hele / tume

saudara laki-laki / saudara perempuan
vend / õde

bersih / kotor
puhas / must

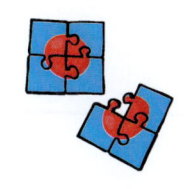

lengkap / tidak lengkap
täielik / puudulik

hari / malam
päev / öö

mati / hidup
surnud / elus

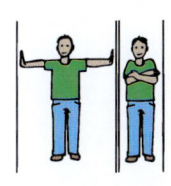

luas / sempit
lai / kitsas

dapat dimakan / tidak dapat dimakan söödav / mittesöödav	jahat / baik kuri / sõbralik	bersemangat / bosan põnevil / tüdinud
gemuk / kurus paks / peenike	pertama / terakhir esimene / viimane	teman / musuh sõber / vaenlane
penuh / kosong täis / tühi	keras / lembut kõva / pehme	berat / enteng raske / kerge
lapar / haus nälg / janu	sakit / sehat haige / terve	ilegal / legal ebaseaduslik / seaduslik
cerdas / bodoh tark / rumal	kiri / kanan vasak / parem	dekat / jauh lähedal / kaugel

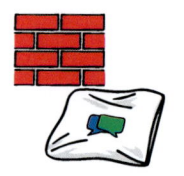

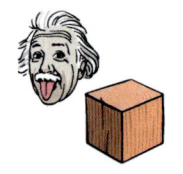

berlawanan - vastandid

baru / bekas uus / kasutatud	tidak ada apapun / sesuatu mitte midagi / midagi	tua / muda vana / noor
nyala / mati sees / väljas	buka / tutup lahti / kinni	tenang / keras vaikne / vali
kaya / miskin rikas / vaene	benar / salah õige / vale	kasar / halus kare / sile
sedih / gembira kurb / rõõmus	pendek / panjang lühike / pikk	pelan-pelan / cepat aeglane / kiire
basah / kering märg / kuiv	hangat / sejuk soe / jahe	perang / damai sõda / rahu

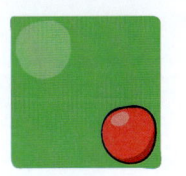

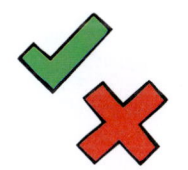

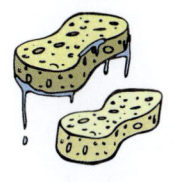

berlawanan - vastandid

angka-angka
numbrid

0
nol
null

1
satu
üks

2
dua
kaks

3
tiga
kolm

4
empat
neli

5
lima
viis

6
enam
kuus

7
tujuh
seitse

8
delapan
kaheksa

9
sembilan
üheksa

10
sepuluh
kümme

11
sebelas
üksteist

12

duabelas
kaksteist

13

tigabelas
kolmteist

14

empatbelas
neliteist

15

limabelas
viisteist

16

enambelas
kuusteist

17

tujuhbelas
seitseteist

18

delapanbelas
kaheksateist

19

sembilanbelas
üheksateist

20

duapuluh
kakskümmend

100

seratus
sada

1.000

seribu
tuhat

1.000.000

juta
miljon

angka-angka - numbrid

bahasa-bahasa
keeled

Inggris
inglise

bahasa Inggris Amerika
Ameerika inglise

bahasa Cina Mandarin
mandariini

bahasa Hindi
hindi

bahasa Spanyol
hispaania

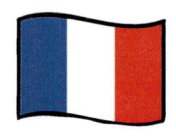

bahasa Perancis
prantsuse

bahasa Arab
araabia

bahasa Rusia
vene

bahasa Portugis
portugali

bahasa Bengal
bengali

bahasa Jerman
saksa

bahasa Jepang
jaapani

siapa / apa / begaimana
kes / mis / kuidas

saya	kamu	dia
mina	sina	tema

kita	kalian	mereka
meie	teie	nemad

siapa?	apa?	begaimana?
kes?	mis?	kuidas?

dimana?	kapan?	nama
kus?	millal?	nimi

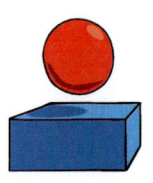

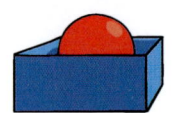

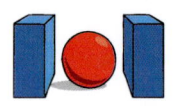

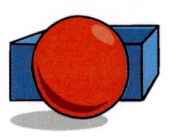

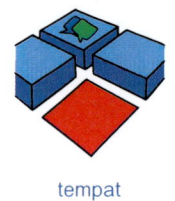

dimana
kus

dibelakang	di	didepan
taga	sees	ees
diatas	diatas	dibawah
kohal	peal	all
sebelah	di antara	tempat
kõrval	vahel	koht

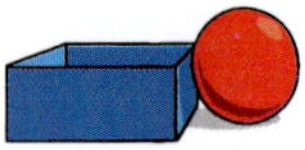